Male für jede Seite, die du bearbeitet hast, einen Stern aus.

Viel Freude!

Dieses Sternchenheft gehört: … und so sehe ich aus!

Vorname _____

Nachname _____

Straße _____

Hausnummer _____

Stadt _____

Geburtstag _____

Ich bin _____ Jahre alt.

Meine Schule heißt _____ .

Mein(e) Klassenlehrer(in) heißt _____ .

Mein(e) Schulleiter(in) heißt _____ .

Wir sind _____ Kinder in der Klasse .

Meine Hobbys sind _____ .

Datum _____

Sch

Artikel   Nomen

 der Schuh

 die

Schokolade

Schaukel

Fisch

~~Schuh~~

Frosch

Tasche

Schlüssel

Schachtel

Schaufel

Tisch

Flasche

Schwein

Setze ein! Schreibe! St — Wörter mit »St« am Wortanfang

	Artikel	Nomen
	der	Stern
	der	

Strand
Stein
Stadion
Stift
~~Stern~~
Strumpf
Storch
Straße
Stamm
Stiefel
Stuhl
Stall

Wörter mit »St« am Wortanfang

St — Setze ein und male!

Straße   Storch   ~~Stuhl~~   Strand   Stamm   Stadion

Ich setze mich auf einen Stuhl _____ .

Ich spiele im Sand am _____ .

Die Eiche hat einen dicken _____ .

Ein _____ sitzt im Nest auf dem Dach.

Fußball wird im _____ gespielt.

Ich gehe bei Grün über die _____ .

Finde sieben Wörter mit »St« am Wortanfang! Schreibe sie auf!

S	T	O	C	K	B	A
F	S	T	R	A	H	L
T	I	S	T	U	R	M
S	T	A	B	P	K	T
F	A	S	T	A	U	J
T	W	E	S	T	A	R
A	H	Z	X	A	A	M
U	F	D	A	B	K	W
K	S	T	U	B	E	D

1. der Stock
2. _____
3. _____
4. _____
5. _____
6. _____
7. _____

| Lies und schreibe! | St | Nomen mit »St« am Wortanfang |

Kreise bei jedem Wort »St« ein!

❶ S(t)ock ❷ Stab ❸ Stadt ❹ Star ❺ Staub

❻ Start ❼ Stau ❽ Stahl ❾ Strich ❿ Stroh

⓫ Strauß ⓬ Stecker ⓭ Steckdose ⓮ Stück

Schreibe nun die Wörter der Reihe nach mit ihrem Artikel auf und male die Bilder bunt!

❶  der Stock ❽

❷ der ❾

❸   ❿

❹   ⓫

❺   ⓬

❻   ⓭

❼   ⓮

Hast du schon einmal in einem Stau gestanden?   ja ☐   nein ☐

Nomen mit »St« am Wortanfang — St — Lies und schreibe!

Kreise bei jedem Wort »St« ein!

❶ S̶t̶rom   ❷ Stachel   ❸ Stängel   ❹ Station   ❺ Steg

❻ Stoppschild   ❼ Storch   ❽ Steuerrad   ❾ Stiel

❿ Stirn   ⓫ Stift   ⓬ Stunde   ⓭ Strophe   ⓮ Stelzen

Schreibe nun die Wörter der Reihe nach mit ihrem Artikel auf und male die Bilder bunt!

❶  der Strom

❷ der

❸

❹

❺

❻

❼

❽

❾

❿

⓫

⓬

⓭

⓮

Hast du schon einmal einen Storch gesehen?   ja ☐   nein ☐

Verbinde! Schreibe! | St und st

Strand	stricheln	Stachel	stapeln
Stein	steinig	Stille	stoppen
Strich	stranden	Stopp	still
Start	staubig	Stapel	stachelig
Sturm	strahlen	Sturz	stinken
Strahl	stürmisch	Stunde	stündlich
Staub	starten	Gestank	stürzen

Schreibe nun die passenden Wortpaare geordnet auf!

Strand — stranden

| st | Lies! Bilde Sätze! |

Merke!

Diese Verben werden mit »st« am Wortanfang geschrieben!
Verben schreibt man klein!

Denke dir zu jedem Verb einen Satz aus!

steigen — Ich steige die Treppe hinauf.

stricken

stinken

stolpern

sterben

staunen

stehlen

streicheln

stellen

Streichele nun deinen Bauch! ☐

11

Finde die Wörter! — st

Merke!

Auch diese versteckten Verben werden mit »st« am Wortanfang geschrieben!

Finde die Verben mit »st« am Wortanfang! Schreibe sie auf!

s	t	a	m	p	f	e	n	j
u	r	s	t	o	ß	e	n	k
r	s	t	a	r	t	e	n	r
a	z	k	e	r	o	e	z	e
s	t	r	a	m	p	e	l	n
p	s	t	e	h	e	n	z	z
e	z	w	e	u	n	r	l	l
g	s	t	a	p	e	l	n	n
n	s	t	i	c	k	e	n	n

1. stampfen
2.
3.
4.
5.
6.
7.

s	t	r	e	i	t	e	n	k
t	r	s	t	o	p	p	e	n
o	z	s	t	ö	r	e	n	f
p	s	t	ü	r	z	e	n	w
p	u	h	t	t	o	w	q	o
s	t	ü	t	z	e	n	ä	g
n	s	t	e	u	e	r	n	b
t	s	f	n	ö	h	b	p	h
s	t	r	e	u	e	n	w	r

1.
2.
3.
4.
5.
6.
7.

| st | Setze ein! |

> **Merke!**
> Diese Adjektive werden mit »st« am Wortanfang geschrieben!
> Adjektive schreibt man klein!

stumm   stolz   steif   ~~stürmisch~~   staubig   stur

An der See bläst der Wind oft **stürmisch**.

Jemand, der nicht sprechen kann, ist _____.

Wenn ich etwas schaffe, bin ich sehr _____.

Ein Esel ist oft _____.

Jemand, der kaum beweglich ist, ist _____.

Wenn ich nicht putze, wird alles sehr _____.

Schreibe das Gegenteil!

schwach	**stark**	~~stark~~
flach		steil
glatt		stachelig
laut		still
zerbrechlich		stabil
gesprächig		stumm

Lies und schreibe! | st | Wörter mit »st« in der Wortmitte

Trage »st« ein und schreibe die Wörter auf!

das Früh st ück	das Frühstück
der Blei st ift	
der Buch st abe	
der Kuh st all	
der Schaukel st uhl	
die Ge st alt	
das Ge st ein	

Trage »st« ein und schreibe die Verben auf!

ab st ellen	abstellen
auf st ehen	
ver st ecken	
auf st ützen	
ein st ecken	
an st arren	
be st aunen	

Du kannst nun aufstehen und dich strecken! ☐

14

| st | Lies und schreibe! |

Merke!

Auch diese Wörter werden mit »st« geschrieben!
Gesprochen werden sie auch wie »st«!

Kreise bei jedem Wort »st« ein!

❶ Liste   ❷ Weste   ❸ Fest   ❹ Nest   ❺ Kasten

❻ Rest   ❼ Rost   ❽ Gäste   ❾ Gespenst   ❿ Mast

Schreibe nun die Wörter der Reihe nach mit ihrem Artikel auf und male die Bilder bunt!

❶   die Liste

❷   die

❸

❹

❺

❻

❼

❽

❾

❿

Stehe nun auf und mache fünf Kniebeugen!

Ich zeige, was ich kann!

Schreibe auswendig so viele Wörter mit »St« und »st« auf, wie du kannst! Male dazu bunte Bilder!

Stern

Ich habe [ ] Wörter mit »St« und »st« gefunden.

Nomen mit »Sp« am Wortanfang

Sp — Setze ein!

Merke!
Diese Wörter werden mit »Sp« am Wortanfang geschrieben!

Artikel	Nomen
die	Spinne
die	

Specht
Spule
Spitze
~~Spinne~~
Spinat
Spritze
Spachtel
Sparschwein
Spiel

Magst du Spinat?   ja ☐   nein ☐

Setze ein! Schreibe! | Sp | Nomen mit »Sp« am Wortanfang

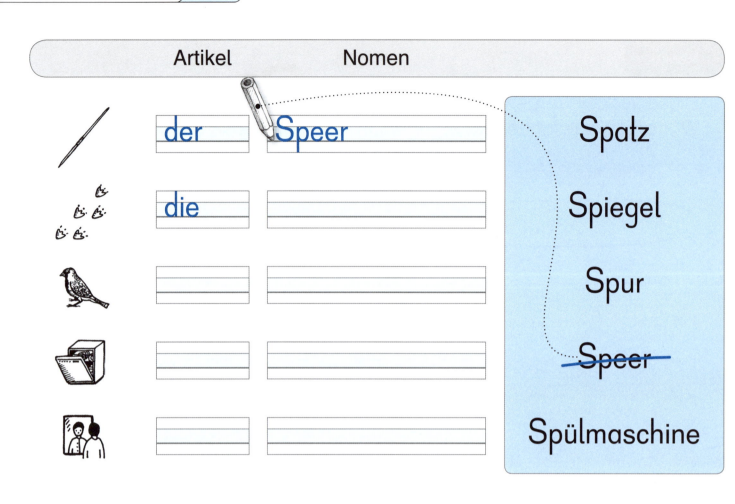

Kannst du den Satz weiterschreiben?

Spieglein, Spieglein an der Wand. Wer ist …

Wie heißt das Märchen?

Setze zusammen!

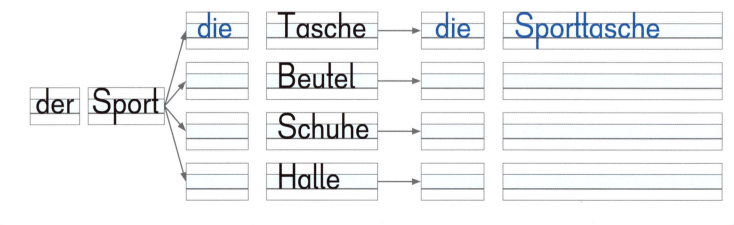

Nomen mit »Sp« am Wortanfang — Sp — Setze ein!

Sport   Spucke   ~~Spange~~   Speck   Sprache   Spanien

Mädchen tragen im Haar oft eine Spange.

_____ ist ein Land in Europa.

Mit _____ fängt man Mäuse.

Im Mund ist _____ .

Englisch ist eine _____ .

_____ treiben ist gesund.

Finde sieben Wörter mit »Sp« am Wortanfang! Schreibe sie auf!

A	S	P	E	R	R	E
K	S	P	U	K	H	L
S	P	E	I	S	E	J
P	G	R	H	P	K	T
S	P	I	N	N	E	X
N	N	E	S	U	A	R
N	S	P	E	N	D	E
S	P	R	U	N	G	W
A	S	P	A	L	T	E

1. die Sperre
2.
3.
4.
5.
6.
7.

Lies! Bilde Sätze! sp

Merke!

Diese Verben werden mit »sp« am Wortanfang geschrieben!
Verben schreibt man klein!

Denke dir zu jedem Verb einen Satz aus!

springen — Ich springe vor Freude in die Luft.

sparen

spucken

spielen

sprechen

spritzen

spuken

speisen

spenden

sperren

20

| | sp | Finde die Wörter! |

Merke!
Auch diese versteckten Verben werden mit »sp« am Wortanfang geschrieben!

Finde die Verben mit »sp« am Wortanfang! Schreibe sie auf!

s	p	a	l	t	e	n	k	g
p	s	p	r	i	n	g	e	n
a	p	t	s	ö	w	e	n	r
c	i	s	p	a	ß	e	n	u
s	p	a	c	h	t	e	l	n
t	n	t	i	n	e	n	z	z
e	b	s	p	a	n	n	e	n
l	n	t	n	n	e	l	n	n
s	p	i	n	n	e	n	a	f

1. spalten
2.
3.
4.
5.
6.

f	t	s	e	s	t	d	n	z
t	s	p	i	e	g	e	l	n
s	l	r	u	i	z	e	n	f
s	p	r	i	e	ß	e	n	s
ü	r	e	t	g	o	w	p	ö
l	t	s	p	ü	l	e	n	o
e	z	e	e	l	e	r	ü	r
n	s	p	ü	r	e	n	ä	e
s	p	r	e	n	g	e	n	w

1.
2.
3.
4.
5.

Ich zeige, was ich kann!

Schreibe auswendig so viele Wörter mit »Sp« und »sp« auf, wie du kannst! Male dazu bunte Bilder!

Spritze

Ich habe ☐ Wörter mit »Sp« und »sp« gefunden.

st und sp | Finde die Wörter!

Ergänze in den Luftballons die passenden Anfangsbuchstaben!
Schreibe die gefundenen Wörter unten getrennt nach »st« und »sp« auf!

__ erben
__ ontan
__ eif
__ rechen
__ ringen
__ inken
__ rudeln
__ ielen
__ rachlos
__ umm
__ olpern
__ olz
~~st~~ oßen
__ aßig

st

stoßen

sp

Ich zeige, was ich kann!

Setze »Sch« oder »sch«, »St« oder »st«, »Sp« oder »sp« ein!

Viele Kinder [sp]ielen am Sand[st]rand.

Kati [sp]ielt mit der Puppen[st]ube.

Luise [st]ellt die [Sch]uhe in den [Sch]uh[sch]rank.

Der [Sp]azier[st]ock [st]eht im [Sch]irm[st]änder.

Der [St]ift ist [sp]urlos ver[sch]wunden.

Das Ge[sp]enst [st]eht auf dem [St]uhl.

Lasse [sch]meißt den [St]ein auf die [St]raße.

[Sp]ort macht [Sp]aß.

Die [Sch]afe [sch]lafen unter dem [St]ernenhimmel.

Ein Ritter hat ein [Sch]wert und einen [Sch]ild.

Die [Sp]inne [sp]innt ihr Netz in der Hecke.

Qu und qu | Lies und schreibe!

Merke!

Der Buchstabe »Q/q« steht niemals allein, es folgt immer ein »u«, also »Qu/qu«!

Kreise bei jedem Wort »Qu/qu« ein!

❶ Qualle ❷ Quast ❸ Quirl ❹ Kaulquappe ❺ Quadrat

❻ Quartett ❼ Quark ❽ Quader ❾ Qualm

Schreibe nun die Wörter der Reihe nach mit ihrem Artikel auf und male die Bilder bunt!

❶   die Qualle

❷   der

❸

❹

❺

❻

❼

❽

❾

Nun recke und strecke dich, aber leise!

Verbinde! Schreibe! | Qu und qu

Qual	qualmen
Quirl	quirlen
Qualm	quälen
Quatsch	quatschen
Quelle	quasseln
Quittung	quittieren
Quasselstrippe	quellen

Schreibe nun die passenden Wortpaare geordnet auf!

Qual — quälen

Qu und qu | Lies! Bilde Sätze!

Merke!

Diese Verben werden mit »qu« am Wortanfang geschrieben!
Verben schreibt man klein!

Denke dir zu jedem Verb einen Satz aus!

quieken — Kleine Ferkel quieken im Stall.
quetschen
quietschen
quaken
qualmen
quengeln

Finde fünf Wörter mit »Qu« am Wortanfang! Schreibe sie auf!

A	G	Q	U	I	Z	A	K
K	S	K	U	K	H	L	A
Q	U	A	T	S	C	H	O
P	R	D	Q	P	K	T	Z
Q	U	E	L	L	E	U	P
T	G	Q	U	A	D	E	R
Q	U	A	R	T	I	E	R

1. das Quiz
2.
3.
4.
5.

Weißt du, was ein Quartier ist?   ja ☐   nein ☐

Ein Quartier ist eine Unterkunft, ein Ort zum Bleiben.

Ich zeige, was ich kann!

Schreibe auswendig so viele Wörter mit »Qu« und »qu« auf, wie du kannst!

Quark

Ich habe ☐ Wörter mit »Qu« und »qu« gefunden.

ee | Lies und schreibe!

Merke!

Manche Wörter schreibt man mit doppeltem Selbstlaut (Vokal)!

Kreise bei jedem Wort »ee« ein!

❶ Meer ❷ Tee ❸ See ❹ Schnee ❺ Klee

❻ Kaffee ❼ Allee ❽ Speer ❾ Gelee ❿ Moschee

Schreibe nun die Wörter der Reihe nach mit ihrem Artikel auf und male die Bilder bunt!

❶ das Meer   ❻

❷ der   ❼

❸   ❽

❹   ❾

❺   ❿

Hast du schon einmal ein vierblättriges Kleeblatt gefunden?

Es bringt dir Glück!   ja ☐   nein ☐

Setze ein! ee

Teer   leer   ~~Fee~~   Idee   Beet
Meer   Kaffee   Tee   Schnee

Die gute Fee _____ aus dem Märchen.

In England trinkt man um fünf Uhr den _____ .

Was nicht voll ist, das ist _____ .

Ich habe eine tolle _____ .

Man trinkt _____ schwarz, mit Milch oder Zucker.

Straßen werden oft mit _____ gebaut.

Leise rieselt der _____ .

Gemüse pflanze ich in einem _____ .

Ein Flugzeug fliegt nach Amerika über das _____ .

Hast du auch oft gute Ideen?
ja ☐   nein ☐

ee | Setze ein! Schreibe!

Kennst du diese Beeren?

	Artikel	Nomen
	die	Erdbeere
	die	

Himbeere
Stachelbeere
Heidelbeere
Johannisbeere
~~Erdbeere~~
Brombeere
Preiselbeere

Welche Beeren isst du gern?

Ich

Reime!

Fee   ~~Teer~~   Schnee   Tee   Moschee   Gelee

Meer	Klee	Allee	Idee	Fee	See
Teer	F	Mo	Ge	Sch	T

Lies und schreibe! aa

> **Merke!**
> Auch diese Wörter schreibt man mit doppeltem Selbstlaut (Vokal)!

Kreise bei jedem Wort »aa« ein!

❶ Aal ❷ Saat ❸ Waage ❹ Haare ❺ Staat

❻ Saal ❼ Paar ❽ paar

Schreibe nun die Wörter der Reihe nach mit ihrem Artikel auf und male die Bilder bunt!

❶ der Aal

❷ die

❸

❹

❺

❻

❼

❽ ein   Murmeln

> **Merke!**
> Ein »Paar« wird groß geschrieben, wenn es zwei von einer Sorte sind!
> z. B. ein Paar Schuhe
> Ein »paar« wird klein geschrieben, wenn es einige wenige sind!
> z. B. ein paar Murmeln

| aa | Schreibe! Setze ein! |

Denke dir zu jedem Wort einen Satz aus!

Saal

Waage

Haare

Aal

Setze die passenden Wörter ein!

Hochzeitspaar   ~~Haare~~   Saal   Aal

Hast du lange oder kurze Haare?

Getanzt wird oft in einem großen _____ .

Hast du schon einmal einen _____ gegessen?

Hast du schon einmal ein _____ gesehen?

Male ein Hochzeitspaar!

33

Lies und schreibe! oo

Merke!

Auch diese Wörter schreibt man mit doppeltem Selbstlaut (Vokal)!

Kreise bei jedem Wort »oo« ein!

❶ B(oo)t ❷ Moos ❸ Moor ❹ Zoo

Schreibe nun die Wörter der Reihe nach mit ihrem Artikel auf und male die Bilder bunt!

❶   das Boot

❷   das

❸

❹

Merke!

Die Wörter Pool   und cool   kommen aus dem Englischen. Man schreibt sie mit »oo«. Ausgesprochen werden sie wie ein »u«!

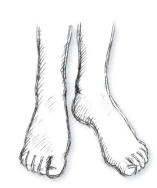

Bist du schon einmal barfuß über Moos gelaufen?

ja ☐   nein ☐

Wie fühlt sich das an?   hart ☐   weich ☐

| oo | Schreibe! Setze ein! |

Denke dir zu jedem Wort einen Satz aus!

Boot

Moos

Zoo

Pool

cool

Setze die passenden Wörter ein!

Moor   ~~Zoo~~   Pool

Ein anderes Wort für Tierpark ist Zoo.

Schreibe fünf Zootiere auf!

Ein anderes Wort für Schwimmbecken ist _____ .

Im _____ kann man versinken.

Warst du schon einmal auf einem Segelboot?

ja ☐   nein ☐

Lies und schreibe! ai

Merke!

Diese Wörter schreibt man mit »ai«!

Artikel	Nomen
der	Hai
der	

Bonsai
Laich
Kaiser
~~Hai~~
Mais
Saite
Laib
Medaille
Maikäfer

Hast du schon einmal eine Medaille bekommen?   ja ☐   nein ☐

36

LEXIKON

Beantworte die Fragen ehrlich und schreibe das ai-Wort auf!

Wusstest du, dass ein Kai ein künstlich befestigtes Ufer ist?

ja ☐   nein ☐   der Kai

Wusstest du, dass der Mai der fünfte Monat im Jahr ist?

ja ☐   nein ☐   der

Wusstest du, dass Kain der erste Sohn von Adam und Eva war?

ja ☐   nein ☐   der

Wusstest du, dass Mainz eine Stadt in Deutschland ist?

ja ☐   nein ☐

Wusstest du, dass ein Bonsai ein kleiner Baum ist, der in einem kleinen Gefäß wächst?

ja ☐   nein ☐   der

LEXIKON

Beantworte die Fragen ehrlich und schreibe das ai-Wort auf!

Wusstest du, dass ein Trainer eine Person ist, die Sportler betreut?

ja ☐   nein ☐   der _____

Wusstest du, dass ein Laib die runde Form von einem Brot oder einem Käse ist?

ja ☐   nein ☐   der _____

Wusstest du, dass man die Eier von Fischen und Fröschen als Laich bezeichnet?

ja ☐   nein ☐   der _____

Wusstest du, dass Thailand in Asien liegt?

ja ☐   nein ☐   _____

Hast du gemerkt, dass alle Wörter in den Linien mit »ai« geschrieben werden?

ja ☐   nein ☐

Thailand

Ich zeige, was ich kann!

Teste nun dein Wissen! Ordne den Wörtern die passenden Begriffe zu!

hat keine Eltern mehr	Stadt in Deutschland
runde Form des Brotes	kleiner Baum im Gefäß
Eier von einem Fisch	betreut Sportler
künstliches Ufer	Sohn von Adam und Eva
fünfter Monat im Jahr	Land in Südostasien

Mai — fünfter Monat im Jahr
Waisenkind
Trainer
Laib
Kain
Mainz
Kai
Thailand
Bonsai
Laich

Lies und schreibe! eee

eee

Merke!

Es gibt Wörter, in denen drei Selbstlaute (Vokale) hintereinander vorkommen!

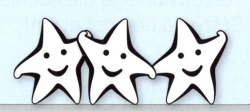

Schreibe die Wörter getrennt auf! Kreise »eee« ein!

das T(ee)ei

der Tee   das Ei   also T(ee)i

der Seeelefant

die _____   der _____   also _____

die Kaffeeernte

der _____   die _____   also _____

die Schneeeule

der _____   die _____   also _____

Welche Farbe hat eine Schneeeule?

_____

Ich zeige, was ich kann!

> Vervollständige die nachfolgenden Sätze mit den passenden Wörtern!
> Setze aa, ee oder ai ein!

Im Winter baut Leander einen _____.

Ich habe eine tolle _____.

Man trinkt _____ schwarz, mit Milch oder Zucker.

Susi läuft im Sommer barfuß auf _____.

Leise rieselt der _____.

Gemüse pflanze ich in einem _____.

Nach dem Monat April kommt der Monat _____.

Uli möchte sich wiegen.

Er stellt sich auf eine _____.

Popcorn wird aus _____ hergestellt.

Ein Schiff fährt nach Amerika über das _____.

41

Ich zeige, was ich kann!

> Versuche diese Seite so gut wie möglich zu bearbeiten.
> Erinnere dich daran, was du alles in diesem Heft bearbeitet hast!

Ich kenne Sch/sch Wörter

Schule,

Ich kenne Sp/sp Wörter

Spinat,

Ich kenne St/st Wörter

Staub,

Ich kenne Qu/qu Wörter

Qualle,

Ich kenne aa Wörter

Aal,

Ich kenne ee Wörter

Tee,

Ich kenne oo Wörter

Boot,

Ich kenne ai Wörter

Mai,

Ich kenne Wörter mit drei Selbstlauten/Vokalen

Teeei,